# Chiara Maiorino

mit Illustrationen von
Angela Gundolf

# DENK MAL LAUT

Stärkende Poesie zum
Mitfühlen und Reflektieren

MALIA

# „Dieses Buch ist so ehrlich, dass es mir Angst macht, aber ich weiß, dass es bei dir in guten Händen ist."

Chiara Maiorino

Hey Chiara, aus welchem Buch liest du da vor? Wo bekommt man das?

… fragten mich einige Follower*innen. Es war mein Notizbuch, in das ich in einer nicht ganz einfachen Phase meines Lebens meine Gedanken notierte.

Wie schön, dass es den Weg zu Dir gefunden hat.

# Wir spulen zurück:

Mai 2020, eine Trennung, die Black Lives Matter-Proteste und ein durch mich verursachter Shitstorm auf dem Social Media Account, den ich zu dem Zeitpunkt beruflich betreute, warfen mich komplett aus der Bahn und stellten mein Leben, wie ich es bis zu dem Zeitpunkt gelebt hatte, auf den Kopf.

Ich war viele Jahre Mode-Bloggerin, promotete Fast Fashion-Konzerne und unrealistische Schönheitsideale. Wie ich aussah und was ich besaß, war bis zu dem Zeitpunkt das Allerwichtigste für mich. Und ganz plötzlich war es das nicht mehr. „Ich will keine Mode-Bloggerin mehr sein", dachte ich. Es gibt so viel mehr, über das wir reden müssen. Während dieser Zeit wurde mir bewusst, wie viele Privilegien ich genoss, die ich für selbstverständlich hielt und auch, dass ich sie nutzen wollte, um andere zu empowern. Und so gründete ich die Social Media Plattform @denkmallaut. Ein Platz für Gedanken – deine und meine. Ein Ort, um sich zu verbinden. Und genau das tut auch dieses Buch: Es verbindet dich mit deinen Gedanken und Gefühlen – über dein Inneres, das innere Außen und das Außen, genau wie es mir in dieser Zeit geschah.

Ich wünsche mir, dass DENK MAL LAUT dich zum Nachdenken und Reflektieren anregt. Dich motiviert, Dinge zu tun, vor denen du eine Scheißangst hast. Die Texte sollen ermutigen, für dich und deine Bedürfnisse einzustehen und Nein zu sagen. Weniger kritisch mit dir zu sein und kritischer mit den Ideen, die andere für dein Leben haben.

„Weil ich weiß, dass in dir so viel Potential ist, das nicht gesehen wird" („Potential" S. 32).

Deine Chiara

Schreib mir, wie dir das Buch gefällt und rede online mit:
**@denkmallaut**

Einige Texte behandeln die Themen Essstörung, Körperbildstörung, Depression, Angststörung und sexualisierte Gewalt. Wenn diese Themen auf dich triggernd wirken, überspring sie oder lies sie nicht alleine. Der Sticker weist auf sie hin.

# Dieses Buch ...

... soll ein Safe Space für dich und deine Gedanken sein, in dem du blätterst, wenn du keine Worte für deine Gedanken hast und sie in einem der Texte findest. Auf Reflexionsseiten bist du dazu eingeladen, selbst laut zu denken und das, was in deinem Kopf vorgeht, auf Papier zu bringen. Diese Seiten erkennst du an leeren Zeilen, die befüllt werden können. DENK MAL LAUT ist eine beste Freundin, die dir auch mal unschöne Wahrheiten vor Augen hält und ohne Wertung immer ein offenes Ohr für dich hat.

## Gliederung

Das Buch führt in **drei Abschnitten** durch den Prozess des Sich-Selbst-Findens und die Veränderung von einem negativen Mindset hin zu mehr Selbstliebe und Akzeptanz. Die **acht Kapitel** behandeln:

1. **Das Innere:** Unsere inneren Werte und Gefühle wie Selbstliebe, Empowerment und mentale Gesundheit

2. **Das Innere Außen:** Das was wir durch Liebe, Dating und Freundschaft nach außen tragen

3. **Das Außen:** Das uns täglich beeinflusst wie Gesellschaft, die sozialen Netzwerke und Zeit.

\* Nicht jede Person findet sich in der binären Geschlechterordnung wieder. Egal ob biologisches Geschlecht oder was dir Kopf, Herz und Bauch sagen: Ich möchte, dass du dich gehört und gesehen fühlst und arbeite deswegen mit dem Gender-Sternchen.

# Inhalt

# Stark für uns

Lass uns heute einfach mal glauben,
dass wir genug sind – über Empowerment,
Feminismus und Körperbild

## Machen

Lass uns mal
all die Dinge
machen,
die wir nicht
machen.

Ich glaub,
das könnte uns
ziemlich glücklich machen.

## Glaub heute mal an dich

Glaub heute mal daran,
dass alle deine Träume und
Wünsche richtig und wichtig sind.

Glaub heute mal daran,
dass du sie erreichen kannst.

Dass du alles das schaffen kannst,
was du erreichen willst.

Und dass die einzige Person,
die dich zu den Dingen bringen
und die dich von ihnen abhalten kann,
du selbst bist.

Glaub heute mal an dich.

## Potential

Weißt du, was ich glaube?

Ich glaube, dass da draußen
so viel Potential ist,
das nicht gesehen wird.

Weil wir nicht tun, was wir tun wollen.
Weil wir nicht tun, wonach wir uns fühlen,
sondern das tun, was wir glauben, tun zu müssen.

Und dabei vergessen wir einfach,
was wir wollen,
was wir fühlen,
was wir denken,
was richtig ist.

## Was du willst

Du weißt,
was du willst.
Du musst dich nur entscheiden,
dass du willst.

Es laut aussprechen und dir eingestehen,
dass du vielleicht scheitern wirst.

Und das ist manchmal gar nicht so einfach.

### Was willst du und wovor hast du Angst?

...........................................................................
...........................................................................
...........................................................................
...........................................................................
...........................................................................
...........................................................................
...........................................................................
...........................................................................
...........................................................................

## Dauerschleife

Manchmal, da musst du
Dingen eine Chance
geben.

Wie bei einem Song,
den du am Anfang
nicht leiden kannst
und dann in
Dauerschleife hörst.

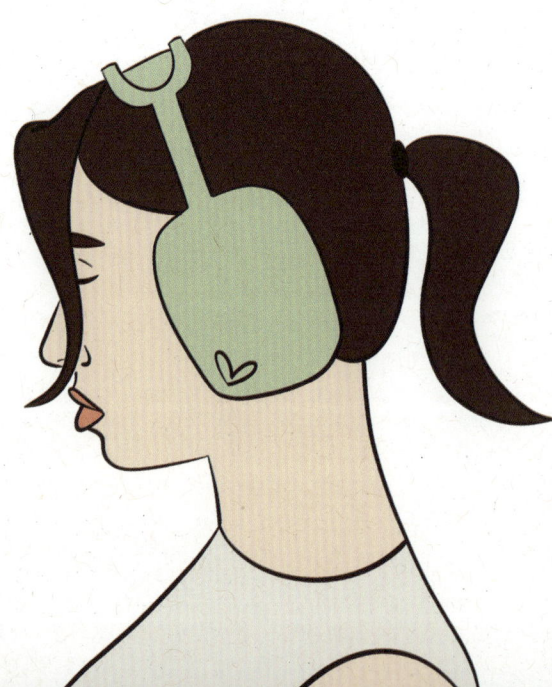

## Hör mal auf

Hör mal auf, dich runterzumachen.
Hör mal auf, dir zu sagen,
dass du nichts wert bist.
Hör mal auf, anderen zu erlauben,
dich wie Mist zu behandeln.

Hör mal auf,
dir selbst Dinge zu verbieten.
Dir zu sagen, dass du etwas nicht kannst,
etwas nicht darfst –
wegen deines Geschlechts,
deines Aussehens, deines Intellekts.

Und fang mal an,
dich so zu behandeln, wie du deine
beste Freund*in behandeln würdest.
Wie du jemanden behandeln würdest,
dem du alles Glück dieser Welt wünschst.
Wie eine Person, die nur das Beste verdient hat.

## Vergleich

Eine Sache,
die dich garantiert
unglücklich machen wird,
ist der Vergleich mit anderen,
denn dann wirst du immer finden,
dass du von irgendwas zu viel
oder zu wenig hast:
Zu wenig Geld,
zu viel Bauchspeck,
zu wenig Haare auf dem Kopf
und zu viele Selbstzweifel.

Keine Person ist wie du.
Wenn du dich also vergleichen musst,
dann nur mit dir selbst.

## Schaffen

An viel zu vielen Tagen denke ich:
„Du hast heute noch nicht",
„Du musst heute noch",
„Wenn du das nicht tust,
hast du heute nichts erreicht."

Und dann guckt mein
Ist-schon-ok-Ich über die Schulter
und sagt mit weicher Stimme:
Du musst nicht jeden Tag
etwas Großartiges schaffen.
Manchmal schaffst du am meisten,
wenn du nichts schaffst.

## Voll ok

Es ist voll ok, dich manchmal
verloren zu fühlen.

Es ist voll ok, nicht zu wissen,
was du willst, wohin du willst und
warum du wohin willst.

Es ist ok, deine Meinung zu ändern.
Sich unsicher zu sein.

Das mag unbequem sein,
aber du bist dabei,
deinen Weg zu finden
und das ist eben nicht
immer einfach.

Aber ich glaube,
das ist es wert.

## Erfolg

Weißt du, was
ziemlich cool ist?
Erfolg ist nicht
begrenzt.
Davon gibt es
genug für uns alle.
Also gönn den
Menschen um
dich herum,
was sie haben.
Denn das bedeutet doch nur,
dass alles möglich ist.

## Lass uns mal öfter

Lass uns mal öfter
tanzen vor purer Freude
und uns weniger Gedanken
darüber machen, wie wir dabei aussehen.

Lass uns mal öfter sagen:
„Ich freu mich so für dich"
statt „das will ich auch."

Lass uns mal öfter sagen:
„Ich mag dich, du bist mir wichtig
und wenn ich dich verlieren würde,
wäre das richtig beschissen."

Lass uns mal öfter sagen:
„Blöd gelaufen, aber beim nächsten Mal
wird's besser."

Lass uns mal weniger
streng mit uns sein
und uns Fehler erlauben.

Lass uns Lachen –
so laut und lange wie es nur geht.

Lass uns ganz viel Konfetti werfen,
bis spät in die Nacht quatschen,
lass uns mal mehr genießen:
die kleinen Dinge,
die großen Dinge und alles dazwischen.

## Was möchtest du häufiger tun?

.......................................................................................................

.......................................................................................................

.......................................................................................................

.......................................................................................................

.......................................................................................................

.......................................................................................................

.......................................................................................................

.......................................................................................................

.......................................................................................................

.......................................................................................................

.......................................................................................................

.......................................................................................................

.......................................................................................................

.......................................................................................................

.......................................................................................................

.......................................................................................................

.......................................................................................................

.......................................................................................................

.......................................................................................................

## Neuanfang

So häufig wie möglich neu anzufangen,
ist richtig gut.
Richtig gut,
weil du lernst,
dir selbst zu vertrauen.
Weil du weißt,
dass auch wenn diese Stadt oder dieses
Land ganz fremd ist,
du zurechtkommen wirst.
Weil du kein Problem damit hast,
auch mal alleine zu sein.

Du wirst es nicht lange sein.
Und vor allem,
weil du keine Angst davor hast,
Angst zu haben.

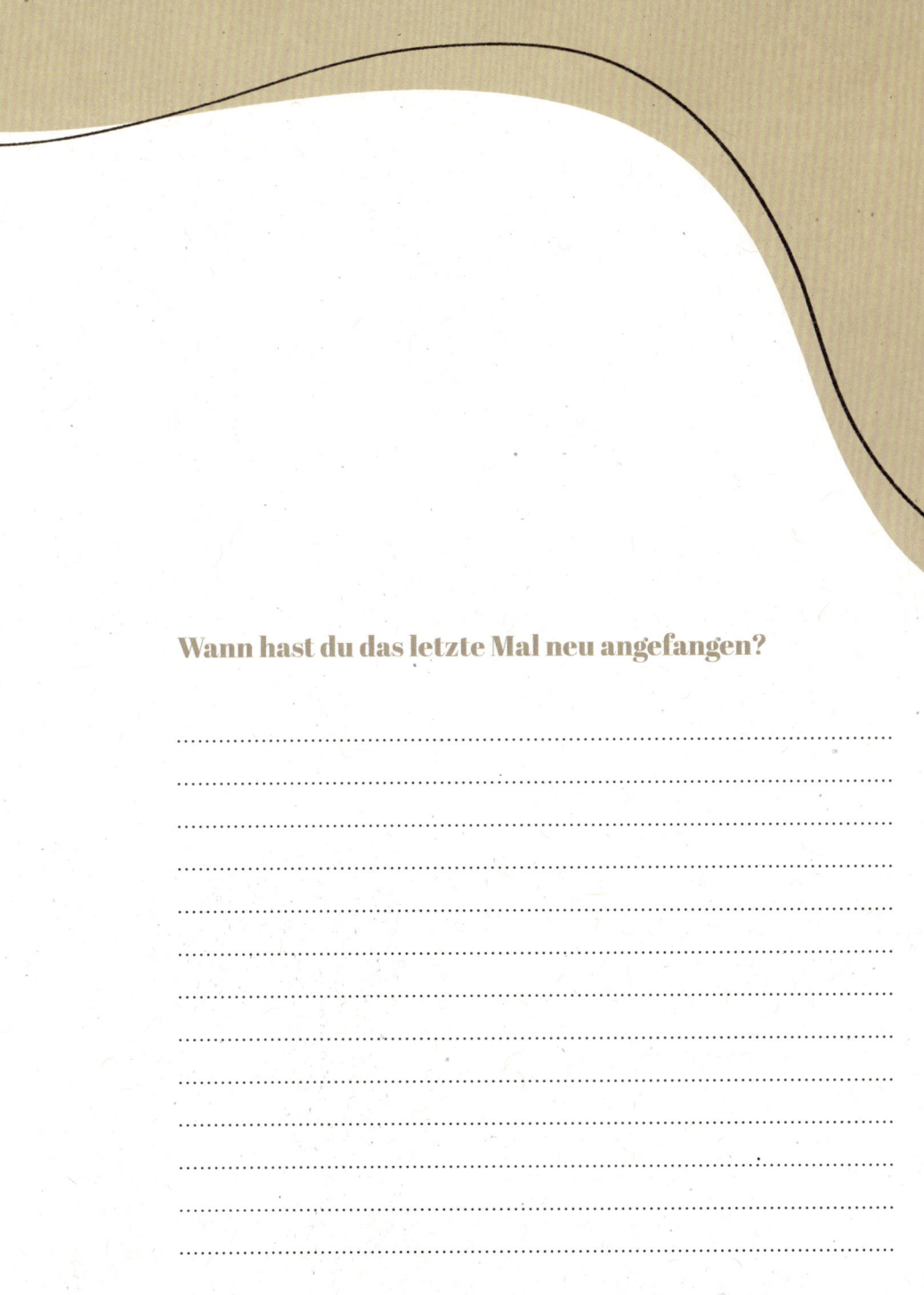

## Wann hast du das letzte Mal neu angefangen?

.................................................................

.................................................................

.................................................................

.................................................................

.................................................................

.................................................................

.................................................................

.................................................................

.................................................................

.................................................................

.................................................................

.................................................................

**Bitte versprich mir, laut zu sein!**

## Mädchen

Statt kleinen Mädchen* zu sagen,
wie hübsch sie sind,
lass uns ihnen sagen,
wie schlau sie sind.

Wie viel es wert ist,
dass sie einfühlsam sind
und dass sie genau wie sie sind,
richtig sind.

Denn sonst werden diese Mädchen*
zu jungen Frauen*,
zu unsicheren Frauen*,
deren Wert, wie sie es glauben,
nur von ihrem Aussehen abhängig ist.

Wie schade wäre das?

## Schlaue Köpfe, schöne Herzen

Weißt du, wovor ich Angst habe?
Dass wir Frauen* vergessen,
wer wir sind,
hinter unserer schönen Fassade.

Dass wir denken,
unser Aussehen wäre wichtiger als das,
was in unserem Kopf ist.

Dass wir unsere Gedanken
hinten anstellen, leise sind,
uns klein machen, nur schön sind.

Ich will nicht, dass so viele schlaue Köpfe
und schöne Herzen nicht gehört werden.

Deswegen: Bitte versprich mir, laut zu sein!

## Zeitrahmen

Weißt du, was mich manchmal wahnsinnig stresst?

Dass ich das Gefühl habe, dass wir Frauen* eine Art
Zeitrahmen auferlegt bekommen, in dem wir Dinge
machen oder zumindest das Gefühl haben,
sie machen zu müssen.

Wir müssen Kinder bekommen, heiraten,
vor und nach den Kindern Karriere machen
und so immer überlegen,
welche Schritte am meisten Sinn machen.

## Wie geht's dir damit?

..............................................................................................................

..............................................................................................................

..............................................................................................................

..............................................................................................................

..............................................................................................................

..............................................................................................................

..............................................................................................................

..............................................................................................................

## Unterstützung

Wenn du mich fragst,
dann schulden wir Frauen*
niemandem etwas
außer einer Sache.

Und diese Sache ist Unterstützung.
Wir schulden uns, uns selbst
und andere zu supporten.
Wir schulden uns,
für unsere Träume, Rechte, Wünsche
und Bedürfnisse einzustehen.

Lass uns uns gegenseitig
nette Blicke zuwerfen.
Ermutigende Worte rufen
und jeder Frau* ihren Erfolg gönnen.

Lass uns das Wort ‚Konkurrenz‘
mal aus unserem Kopf streichen
und es mit dem Wort
‚Unterstützung‘ ersetzen.

## Catcall

Weißt du, was kein
Kompliment ist?
Wenn du mir
hinterherrufst,
hinterherpfeifst,
hinterherhupst.

Und auch wenn du dich
dadurch besser fühlst,
fühl ich mich nur noch schlechter.
Fühl mich, als müsste ich
jeden Tag einen Kampf kämpfen,
den ich nur verlieren kann.

Kannst du das lassen.
Danke!

## Gedanken checken

Meinen Ausschnitt findest du zu tief,
das macht dich ganz nervös.

Mich macht nervös,
nicht frei sein zu können,
weil du meinen Körper beurteilst,
ihn sexualisierst und ich deswegen
nachts nicht alleine nach Hause laufen kann.

Du siehst ihn als etwas anderes, als er ist.
Machst mich dafür verantwortlich, ihn zu bedecken,
dabei solltest du mal deine Gedanken checken.

## Nein

Und du weißt,
du hättest früher Nein sagen sollen,
als du nicht wolltest, was er wollte.
Du wolltest… Nein sagen.
Du warst schon kurz davor,
als alles so schnell ging.
Viel zu schnell. Das warst nicht du.
Das war nicht, was du wolltest.

Er ist weg. Dein Herz ist schwer,
als würde er noch auf dir liegen.
Du bekommst keine Luft.
Du weißt nicht, was du machen sollst.
Willst einfach nur weg aus deinem Körper.
Soweit es nur geht.

Aber du bist hier.
Gefangen in deinen Gefühlen.

## Schön gefährlich

Ich fühl mich hin- und hergerissen.
Dazwischen, ob es schön ist, eine Frau* zu sein
oder doch nur anstrengend, gefährlich.

Ich scrolle durch Social Media, sehe ein Video,
das die Schönheit des Frau*-Seins herausstellt.
Ich hör Shania singen ‚let's go girls' und Beyoncé
schmettert ‚Who run the world'.
Im nächsten Video: Spanische Studenten,
die Frauen* aufs Übelste beleidigen.

Ich liege auf einer Wiese,
trage ein Tuch im Haar,
weil ich es möchte.
Viele Frauen* im Iran möchten das
nicht und gehen dafür auf die Straße.
‚Women, Life, Freedom.'
Riskieren ihr Leben,
verlieren ihr Leben,
genau in diesem Moment.

Im nächsten Video:
Ein Mann*, der sagt, wie sich Frauen anzuziehen haben:
Bloß nicht zu freizügig,
sonst verliert er den Respekt.

Ich sehe so viele Dinge, die mich wütend machen.
Aber Wut ist schon das falsche Wort.
Wütend dürfen wir nicht sein.
Lieb, verständnisvoll, zurückhaltend.

Wir sollen mehr lachen,
aber innerlich weinen wir nur.
Über diese Welt, in der wir leben.
Eine Welt, gemacht von Männern*
für Männer*.

Von denen viele nicht verstehen,
wie sich das für uns anfühlt.
Und ich sage ‚uns', weil wir alle zusammengehören.
Im Iran, da lebt eine Frau* genau wie du,
mit Wünschen, Träumen, Ambitionen,
aber sie kann sie nicht ausleben,
sie kann sie nicht aussprechen,
weil sie nicht die Möglichkeiten dazu hat.

Ich glaube, wenn du ihr in die Augen schauen würdest,
würdest du sehen, dass ihr eins seid.

# Wenn du nicht sehen kannst, wie schön du bist, wird es auch nie jemand anderes sehen.

**Weißt du,**

wie du dich mit deinem Aussehen fühlst,
hat ziemlich wenig mit deinem Aussehen zu tun,
sondern damit,
welchen Wert du deinem Aussehen zuschreibst.

## „Du, lieber Hass, bekommst nichts mehr von mir"

Ich dachte so lange, meinen Körper zu hassen,
würde ihn besser machen.

Dachte, dass der Hass, mit dem ich ihn betrachtet habe,
mich dazu motivieren würde, mehr Sport zu machen
und weniger zu essen.

Und heute ist dieser Hass nicht weg,
er lugt um die Ecke jedes Mal,
wenn ich mich nackt im Spiegel angucke.

Er sagt: „Da ist zu viel und da zu wenig",
mach mehr Sport und achte auf deine Ernährung,
„Warum schwabbelt das so?"

Und dann komme ich und gebe dem Hass Kontra.
Ich sage ihm: „Wenn ich Sport mache und auf meine
Ernährung achte, dann für mich und nicht für dich."
„Du, lieber Hass, bekommst nichts mehr von mir."

### Dysmorphophobie

Und an manchen Tagen willst du
dich am liebsten anschreien.
Willst dir sagen:
„Warum mag ich mich so wenig?"
„Warum seh ich so aus, wie ich aussehe?"
„Warum hab ich so viel Pech und sie so viel Glück?"

An diesen Tagen kannst du nicht sehen,
wie viel Glück du hast.
Das realisierst du erst,
wenn du es nicht mehr hast.
Du krank wirst,
dein Körper nicht mehr funktioniert, wie er sollte.
Du dir alte Fotos anschaust und merkst:
„Ich sah fantastisch aus, aber ich konnte es nicht sehen."

## Vergessen, wer wir sind

Weißt du, wovor ich verdammt große Angst habe?

Dass wir den Blick dafür verlieren,
was wirklich wichtig ist.

Zwischen Schönheitsidealen,
Sixpacks und perfektem Make-up
vergessen wir, wer wir wirklich sind.

Vergessen, wie schön wir in uns drinnen sind.

Und damit will ich nicht sagen,
dass du dich nicht gerne schön fühlen darfst,
solange du dich auch ganz tief drinnen schön
und wertvoll findest.

## Baustelle

Dein Körper ist keine Baustelle.
Er ist nicht ‚under construction‘,
kaputt oder braucht einen Anstrich.
Er muss nicht optimiert werden,
um geliebt zu werden.

Tatsächlich leistet er
jeden Tag so viel für uns,
ohne, dass wir es wirklich bemerken.

Wir sind blind geworden
im Optimierungswahn.

Können nicht sehen,
dass wir komplett sind.

Hier geht es zum gelesenen
Text auf Instagram

## Wir

Und ich seh das graue Haar.
Die Narben auf meinen Knien.
Den krummen Finger,
der nie wieder gerade wird.
Die Falten um meinen Mund
vom vielen Lachen und Grimassenschneiden,
genau wie die Linien um meine Augen
und auf meiner Stirn vom Grübeln.

Und auch wenn Frauen*
in unserer Gesellschaft
nicht älter als Mitte 20 werden dürfen,
bin ich so dankbar für jedes einzelne Lachen,
jede einzelne Falte, jede einzelne Erinnerung.

Aber auch wünsch ich mir,
dass wir endlich wir sein dürfen
und auch mit den Spuren,
die das Leben hinterlässt,
schön und begehrenswert sind.
Denn das sind wir.

## Viel mehr

Du bist viel mehr als nur schön.
Viel mehr als dein Körper
oder dein Gesicht.
Deine Haare, deine Zähne,
deine Beine, dein Bauch.
Du bist was du denkst,
du bist was du fühlst,
du bist was du träumst.
Und wer das nicht sehen kann,
der* oder die* kennt die
schönsten Dinge an dir noch nicht.

## Seele statt Körper

Stell dir mal vor,
wir würden statt dem Körper
einer Person zuerst ihre Seele sehen.

Die Dinge, die sie wirklich ausmachen.
Charakterzüge, der Blick aufs Leben,
die Einstellungen, Werte und Normen.

Stell dir vor, wie anders unser Blick
auf Schönheit wäre. Und wie anders unsere
Welt wahrscheinlich wäre.

Wie viel weniger wir uns blenden
lassen würden. Und wie viel mehr
wir von der Person sehen würden.

Sollen wir's mal probieren?

## Was findest du an dir schön?

........................................................
........................................................
........................................................
........................................................
........................................................
........................................................
........................................................
........................................................
........................................................
........................................................
........................................................
........................................................
........................................................
........................................................
........................................................
........................................................
........................................................
........................................................
........................................................
........................................................

# Chaos im Kopf

Über mentale Gesundheit

# Du wirst zu dem, was in deinem Kopf ist. Also, pass auf deine Gedanken auf.

## Glücklich sein

Irgendwie denken wir doch immer,
wir müssten glücklich sein.
Und wenn wir's nicht sind,
dann stimmt etwas nicht.

Aber vielleicht stimmt genau das nicht.

Nicht glücklich zu sein ist normal,
kein Mensch ist immer glücklich.
Unglücklich sein,
gehört zum Mensch sein dazu.

Hier geht es zum gelesenen
Text auf Instagram

## Druck raus

Vielleicht musst du
in diesem Leben nichts erreichen.

Vielleicht musst du nicht jedes Jahr
an deinem Beachbody arbeiten und hoffen,
deinen Seelenverwandten zu finden.

Vielleicht musst du
nicht jeden Tag das Beste geben.
Vielleicht musst du nicht
bis in die Nacht arbeiten oder lernen,
um den Job zu bekommen, den du willst.

Vielleicht musst du nicht
die oder der Beste in irgendwas sein,
um etwas erreicht zu haben.

Vielleicht reicht es einfach,
wenn du hier bist und erlebst.

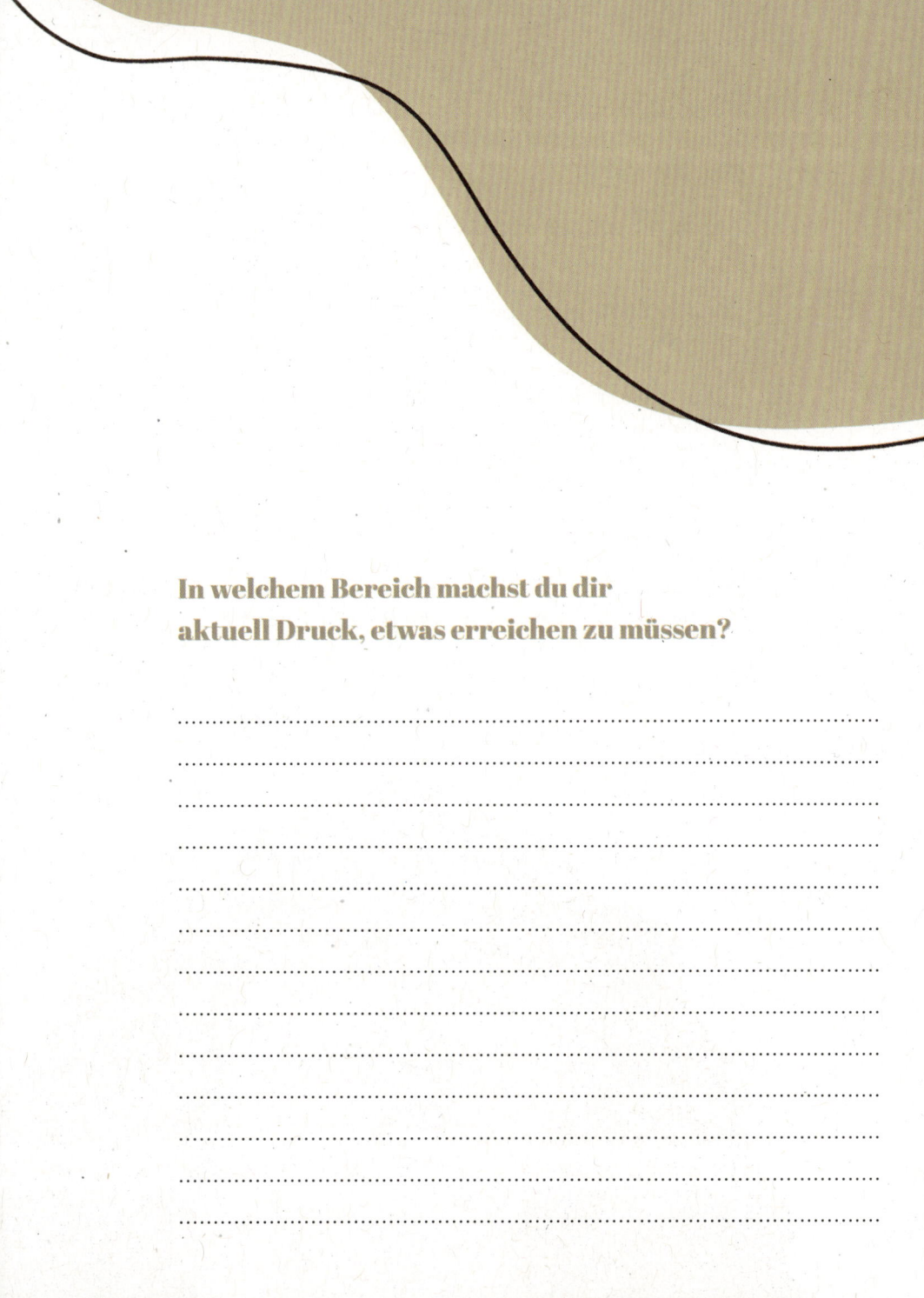

**In welchem Bereich machst du dir
aktuell Druck, etwas erreichen zu müssen?**

.................................................................................

.................................................................................

.................................................................................

.................................................................................

.................................................................................

.................................................................................

.................................................................................

.................................................................................

.................................................................................

.................................................................................

.................................................................................

.................................................................................

## Du bist ok

Weißt du, was voll ok ist?

Dass du manchmal traurig bist.
Dass es dir an manchen Tagen schlecht geht,
ohne dass du weißt, warum.

Dass du an einem Tag glücklich
und am anderen unglücklich bist.
Dass du an einem Tag genau weißt,
was du willst und am nächsten nicht mehr.
Dass du dich heute nicht ernst nimmst
und morgen zu sehr.

Das ist ok.
Du bist ok.

## Zerdacht

Und du denkst, du denkst, du denkst.
Was er gesagt hat.
Zerdenkst, was sie gesagt hat
und überdenkst, was du gesagt hast.
Du suchst die Bedeutung hinter den Worten
und interpretierst.

Aber weißt du was:
Er hat nur gesagt,
nicht gedacht,
nicht hinterfragt,
nicht gemeint,
bloß gesagt.

Aber du hast nicht gesagt,
du hast mehr gedacht als gesagt
und sie eben mehr gesagt als gedacht.

## Voll in Ordnung

Hey du!
Ja, du!

Ich wollt dir nur mal kurz was sagen.
Und zwar hab gehört,
dass es dir in letzter Zeit nicht so gut geht
und du dich damit ziemlich alleine fühlst.

Und das versteh ich, weil auf Social Media sieht's so aus,
als wäre bei allen immer alles super.

Aber weißt du was?
Auch bei mir ist nicht immer alles super
und ich weiß von vielen Leuten um mich herum,
dass sie gute und schlechte Tage haben
und genau das ist auch völlig in Ordnung.

## Chaos im Kopf

Und jede Nacht bin ich wach.
Denk an dich, mich, sie und ihn.
Mein Kopf wummert.
Erinnere mich an jede Aussage
von dir, mir, ihr und ihm.

Mach ihn aus – den Kopf.
Mach es aus – das Gedankenchaos.

Und lass sie rein –
die Gedanken, denen du den ganzen Tag
keine Beachtung geschenkt hast.
Sie wollen gehört werden.
Sie sind wichtig.
Lass sie rein.

## Soziale Angst

Ich bin hin- und hergerissen
zwischen der Schönheit des Alleinseins
und der Wärme, die mein Herz füllt,
wenn ich mit den Menschen bin,
die mich glücklich machen,
mich inspirieren, mich motivieren.

An manchen Tagen ziehe ich daraus meine Kraft,
an anderen laugt es mich nur aus.

An manchen Tagen bin ich laut,
bubbly und tanze auf dem Tisch.
An anderen sitze ich stundenlang
auf meiner Fensterbank und schreibe.

Gehe nur mit Airpods raus,
kann keinen Lärm, keine Geräusche
und schon gar keine Blicke anderer ertragen.

Höchstens das Prasseln vom Regen
an meinem Fenster und meine Gedanken,
aber das ist manchmal auch schon zu viel.

### Depressed Generation

Du willst so vieles tun,
aber du kannst gerade einfach nicht.
Alles ist zu viel, zu anstrengend.

Du willst dich bei deinen Freund*innen melden,
hast 56 ungelesene DMs, aber du kannst nicht.
Du bist so müde, so erschöpft.

Du sammelst Kraft, dich da rauszuziehen,
aber das dauert eben noch.

## Taub

Ich will wieder vermissen.
Ich will wieder fühlen.
Ich will wieder sehen können,
was wirklich wichtig ist.

## Ist das echt ...

... oder alles nur in meinem Kopf?
Kann sie mich wirklich nicht leiden
oder kann ich mich nicht leiden?
Ist er sauer auf mich
oder bin ich sauer auf mich?
Finden sie mich peinlich?
Oder finde vielleicht ich mich peinlich?

Und ich frag mich:
Ist das echt oder alles nur in meinem Kopf?

# Lieblings-mensch: Ich

Vielleicht reicht es einfach, wenn du bist –
sich selbst finden und lieben lernen

# Statt herauszufinden, wer du bist, entscheide, wer du sein willst.

## Wildes Herz

Mein Herz, das war schon immer wild
und am glücklichsten,
wenn ich irgendwo neu angefangen habe.
Mein Herz war stolz auf mich,
weil ich selbst entscheiden konnte, wer ich war.

## Neu erfinden

Weißt du, was mich fasziniert?
Dass wir uns jeden Tag neu erfinden können.
Neu definieren können,
wer wir sind und was uns ausmacht.
Ganz neu sein können.

Aber wir machen's nicht.
Wir sind zurückgehalten
vom eigenen Konzept unseres Selbst.
Denken, dass es andere wären,
die uns bremsen.
Dabei sind es wir selbst,
die entscheiden.

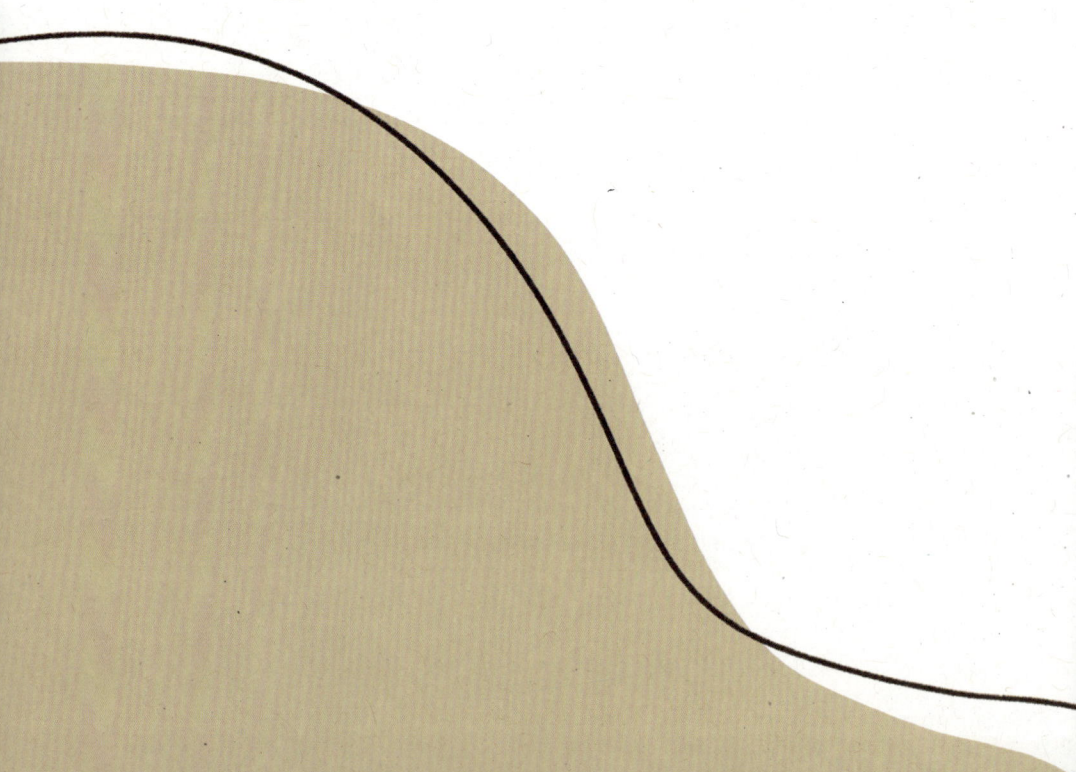

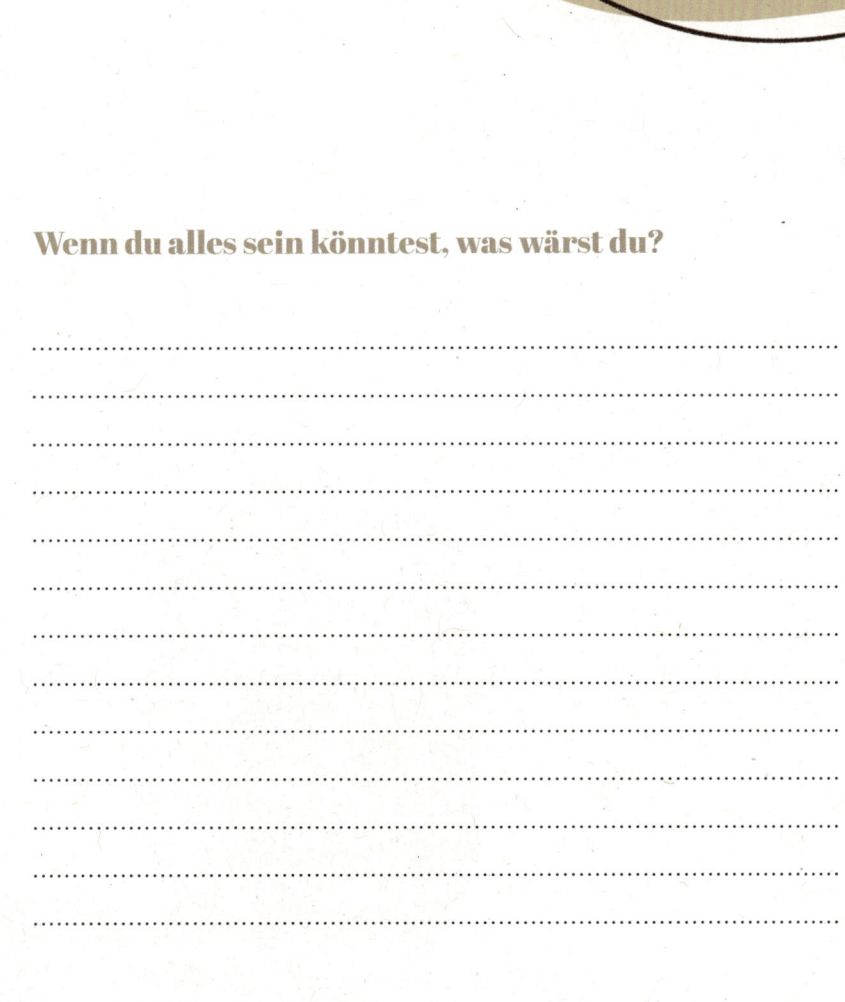

**Wenn du alles sein könntest, was wärst du?**

..........................................................................................
..........................................................................................
..........................................................................................
..........................................................................................
..........................................................................................
..........................................................................................
..........................................................................................
..........................................................................................
..........................................................................................
..........................................................................................
..........................................................................................
..........................................................................................

# Du bist nicht die Dinge, die dir passieren.

## Zerrissenheit

Manchmal frag ich mich,
wie das alles zusammenpasst...

Ich will frei sein,
aber wünsch mir Sicherheit.

Bin entspannt und verkrampft zugleich.

Weiß, dass wir alle irgendwann zu Staub
zerfallen und denk doch über alles zu viel nach.

Sehe die großen und die kleinen
Probleme und kann mit einem
Schnips alle meine Sorgen loslassen.

## Leben

Ich schätze, das ist das Leben:

Du machst Pläne
und dann arbeitest du
auf diese Pläne und Ziele hin
und dann bist du fast da.
Und änderst das Ziel
oder änderst den Plan,
weil du dich veränderst.

## Erleben

Ich bin stur.
Will mit dem Kopf durch die Wand.
Will es jetzt und nicht gleich.

Aber ich lerne.
Ich lerne Dinge so zu akzeptieren, wie sie sind.
Renne nicht mehr hinterher.
Denn Dinge, denen ich hinterherlaufe,
wollen nicht gefangen werden.

Lerne zu verstehen,
dass ich nichts erzwingen kann.
Dinge kommen und gehen.
Menschen kommen und gehen.

## Wachsen tut weh

Ehrlich zu sein,
kann einem ganz schön Angst machen.
Dinge zu verändern
und gehen zu lassen auch.

„Aber das bin ich doch!"
„Bin ich?"
„Oder war ich?"
Ist es ok, dass ich jetzt jemand anderes bin?

Zu jemand anderem zu werden,
kann anstrengend sein.
Vor allem, wenn man weiß,
dass einem Menschen dabei zusehen.

Wachsen tut nun mal weh
und das ist ok.

Hier geht es zum gelesenen
Text auf Instagram

## Verletzlichkeit

Ist Verletzlichkeit wirklich Schwäche?
Wieso halten wir unsere Gefühle zurück?
Wieso sind uns unsere Tränen peinlich?

Ist wahre Stärke nicht,
Gefühle zuzulassen und zu ihnen zu stehen?
Schmerz zuzulassen, statt ihn wegzudrücken?

### Wie stark bist du?

..............................................................................................................................
..............................................................................................................................
..............................................................................................................................
..............................................................................................................................
..............................................................................................................................
..............................................................................................................................
..............................................................................................................................
..............................................................................................................................
..............................................................................................................................
..............................................................................................................................

## Fassade

Nach außen Sensation Seeker,
du bist laut,
du bist extrovertiert,
immer unterwegs
und selbstbewusst.
So beschreiben dich auch deine Freund*innen.

Aber tief im Inneren,
bist du das genaue Gegenteil:
introvertiert, unsicher
und lieber allein.

Aber irgendwie hast du Angst,
dass du hinter deiner Fassade
nicht liebenswert sein könntest.

## Endlose Suche

Ich hab das Gefühl, wir alle suchen nach irgendwas.
Wir glauben zu wissen, wonach wir suchen,
bis wir's finden.

Dann merken wir auf einmal:
„Das ist gar nicht das, was ich gesucht hab."
„Ich fühl mich gar nicht, wie ich dachte,
ich würde mich fühlen, wenn ich's finde."

### Wonach suchst du?

.....................................................................................................

.....................................................................................................

.....................................................................................................

.....................................................................................................

.....................................................................................................

.....................................................................................................

.....................................................................................................

.....................................................................................................

.....................................................................................................

.....................................................................................................

## Zuhause

Ich dachte immer,
Zuhause wäre ein Ort:

Und ganz falsch lag ich damit nicht –
Es ist ein Ort,
ein Ort in dir selbst.
Ein Ort, an dem du dich wohlfühlst.
Ein Ort, an dem du dich angekommen fühlst.
Und dabei ist es eigentlich ganz egal,
wo du gerade bist.

## Störfaktor

Weißt du, was ich viel zu lange nicht verstanden habe?
Dass alles, was mich an jemand anderem stört,
eigentlich rein gar nichts mit dem Gegenüber zu tun hat.
Dass ich die Dinge, die ich in anderen sehe,
eigentlich in mir sehe.
Dass sie mir Angst machen.
Oder aber, dass ich gerne wie diese Person wäre,
aber mich nicht traue,
weil mich irgendwas zurückhält.

## Was für eine Person wärst du, wenn es die anderen um dich herum nicht geben würde?

..............................................................................

..............................................................................

..............................................................................

..............................................................................

..............................................................................

..............................................................................

..............................................................................

..............................................................................

..............................................................................

..............................................................................

..............................................................................

..............................................................................

## Zu groß

Manchmal wirst du zu groß für Dinge.
Für deine Lieblingsjeans oder aber für Menschen,
die deine Entwicklung nicht sehen oder verstehen.
Genau wie für Denkweisen oder Meinungen,
die du früher mal vertreten hast.

Aber weißt du was?
Es ist ok seine Meinung zu ändern,
es ist ok sich weiterzuentwickeln
und es ist völlig ok,
Dinge gehen zu lassen.

# Gut zu dir selbst zu sein, ist manchmal gar nicht so einfach.

## Selbst lieben

Lass uns mal versuchen,
uns selbst zu lieben.
Statt nur die Idee zu lieben,
wie schön es wäre,
wenn andere uns lieben würden.

## Date mit dir

Ich bin heute mal wieder
auf ein Date mit mir selbst gegangen.
Und ich weiß nicht, ob du das kennst,
aber ganz häufig, da hab ich Lust auf Dinge
und mach sie aber nicht,
weil ich sie nicht alleine machen will.

Aber wenn ich dann erstmal unterwegs bin,
dann ist das Gefühl, von alleine etwas
nur für sich zu machen und mit sich selbst
Qualitytime zu verbringen,
das beste Gefühl überhaupt.

### Wie würde das perfekte Date mit Dir aussehen?

(Kino, Waldspaziergang, Tagesausflug an den See, Essen gehen)

.......................................................................................

.......................................................................................

.......................................................................................

.......................................................................................

.......................................................................................

.......................................................................................

.......................................................................................

.......................................................................................

.......................................................................................

## Gut zu dir

Du musst gut
zu dir sein.

Und gut zu dir zu sein,
bedeutet auch,
dich vor Dingen
zu schützen,
die dir weh tun
und zu überlegen,
warum sie dir weh tun.

## Rechtfertigen

Du denkst, du musst dich rechtfertigen.
Für deine Gefühle,
deine Meinungen,
deine Gedanken,
deinen Körper.
Musst erklären, was du empfindest,
damit andere dich verstehen.

Aber die Wahrheit ist,
dass niemand dich so verstehen wird,
wie du es tust.
Menschen werden dich missverstehen.
Deine Aussagen falsch interpretieren,
deine Gefühle nicht nachvollziehen können.
Und das ist ok.

Das Einzige, was du machen kannst,
ist, dich selbst zu verstehen und zu sehen,
dass du geliebt wirst – von dir selbst.

### Du kannst

Und an manchen Tagen, da entscheidest du: „Ich kann!"
Und an anderen, dass du nicht kannst,
weil's einfach zu schwer ist.

Beide Tage sind ok.
Der eine ist nicht mehr wert als der andere.

### Warum redest du so über sie?

Was hat sie dir getan?
Das gleiche könnte ich dich fragen,
wenn du mal wieder schlecht über dich redest.

Dich runtermachst,
dir sagst, dass du nichts wert bist.

Du dir versuchst klar zu machen,
dass die Bestätigung anderer wichtiger ist,
als das, was du über dich denkst.

Du dich anpasst, um anderen zu gefallen
und dabei dich selbst verlierst.

## Besondere Tage

Nicht jeder Tag in deinem Leben ist dein Geburtstag,
dein Ehrentag, dein Hochzeitstag oder ein Tag,
an dem irgendwas Besonderes passiert.

Aber lass uns doch mal jeden Tag zu einem Besonderen machen,
indem wir die kleinen Dinge des Lebens feiern:

Den Morgenkaffee,
die Nachricht von deiner besten Freundin,
die Sonne, die so schön durch dein Fenster scheint,
die frische Luft, die dir um die Nase weht,
das Dach überm Kopf,
die Klamotten zum Anziehen,
das Gewitter in der Nacht
und das Prasseln vom Regen an deinem Fenster.

## Weißt du, was ich ziemlich ok finde?

Wenn du, statt für jemand anderes,
heute nur für dich da bist.
Und wenn du heute nur die Sachen machst,
die dir guttun.

Schließlich bist du nicht dazu da,
andere glücklich zu machen,
sondern dich selbst.

## Ich mag mich

Wieso ist es so schwer zu sagen:
„Ich brauche Hilfe“?

Wieso ist es so schwer zu sagen:
„Ich mag dich“ oder „Ich mag dich nicht“?

Und wieso ist es viel einfacher zu sagen:
„Ich mag mich nicht“ statt „Ich mag mich“?

## Selbstrespekt

Ich weiß schon:
Du willst nicht kompliziert sein.

Sagst „Ja", obwohl du „Nein" meinst.

Schluckst die Gefühle runter,
weil du dir eigentlich wünschen
würdest, dass es dir nichts ausmacht.

Und du sagst wieder „ja, klar",
obwohl du eigentlich keine Lust hast.

Aber wo ist der Respekt
für dich selbst?

## Wunderbar

Zu sehen, wie wunderbar
jemand anderes ist,
das kannst du glaub ich nur,
wenn du selbst siehst,
wie wunderbar du bist.

Stolz auf andere zu sein,
das kannst du nur,
wenn du stolz auf dich bist.

Und den Schmerz von anderen
erkennen, das kannst du nur,
wenn du deinen eigenen
Schmerz kennst.

## Nicht aufgepasst

Hast du wirklich Angst davor,
von ihm*ihr verletzt zu werden
oder hast du Angst,
dass du zugelassen hast,
dich verletzen zu lassen.

Dass du nicht genügend auf dich aufgepasst hast.
Denn wer soll schon auf dich aufpassen,
wenn du es nicht tust?

Du kannst dich nicht davor schützen,
dass andere Menschen dich schlecht behandeln.
Das wird immer passieren.

**Schreibe eine Situation auf,
in der du dich hast verletzen lassen und eine,
in der du auf dich aufgepasst hast.**

...........................................................................................

...........................................................................................

...........................................................................................

...........................................................................................

...........................................................................................

...........................................................................................

...........................................................................................

...........................................................................................

...........................................................................................

...........................................................................................

...........................................................................................

...........................................................................................

# Aua, ist das schön

Über Liebe, Dating und Herzschmerz

# Was wir alle gemeinsam haben? Wir wünschen uns Liebe.

## Was bedeutet Liebe für Dich?

........................................................................

........................................................................

........................................................................

........................................................................

........................................................................

........................................................................

........................................................................

........................................................................

........................................................................

........................................................................

## Geschnitzt

Was ewig war und nicht mehr ist,
ist nicht verloren,
sondern in deinem Kopf verewigt.
Wie eine eingeschnitzte Signatur,
macht die Erinnerung dich zu der Person, die du bist.
Mit jedem kleinen Teil bist du sie und sie du.

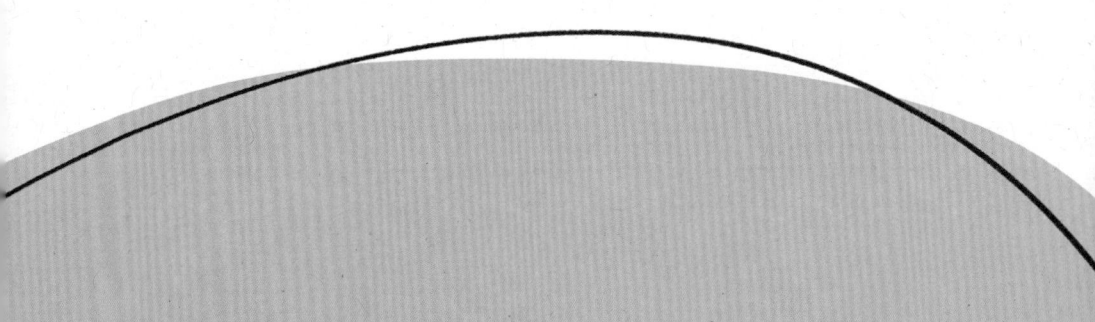

## Was Liebe ist

Wegen dir weiß ich, was Liebe ist.
Liebe ist das warme Gefühl um mein Herz,
wenn ich an dich denke.

Liebe ist zu wissen, dass du immer,
wirklich immer für mich da bist.
Liebe für dich zu fühlen, ist zu denken,
dass ich dir nicht oft genug sage,
wie viel du mir bedeutest und zu hoffen,
dass du es trotzdem weißt.

In Beziehungen habe ich keine Ahnung,
was Liebe ist, aber wie gut,
dass ich es trotzdem weiß,
wegen dir.

## Wenn du mal nicht mehr bist

Und wenn du mal nicht mehr bist,
dann werde ich dein Lachen vermissen.
Dein Lachen, so voll,
so herzlich.
Häufig höre ich es und denke,
es ist das beste Geräusch der Welt.

Deine alberne Art,
so liebenswürdig,
so witzig,
nimmst dich selbst so wenig ernst
und das liebe ich an dir.

Deine Stimme,
so voll,
so herzlich,
häufig denke ich,
das ist das beste Geräusch der Welt.

Deine Art, so stark
und doch verletzlich,
zeigt mir,
dass Schwäche nicht schwach
und Stärke nicht stark ist.
Dass Erfolg nicht starr
und das Leben ist,
was du draus machst.

Dass Zeit kostbar
und Dinge zu besitzen,
nicht wertvoll ist.

Aber was wertvoll ist,
das weiß ich:
Das bist du.

### Frei lassen

„Fühl dich frei",
sagtest du immer zu mir.

Du hast mich losgelassen,
deswegen hatte ich nie das
Gefühl, etwas zu verpassen.

## Vorbild

Du bist die stärkste Frau in meinem Leben.
Weil du mir immer gezeigt hast,
dass ich alles kann,
was ich können will,
aber nichts muss.

Du bist die stärkste Frau in meinem Leben,
weil du mir Ehrgeiz und
Durchhaltevermögen beigebracht hast,
aber auch, dass es ok ist,
verletzlich zu sein.

Du bist die stärkste Frau in meinem Leben,
weil du weich bist, aber weißt, was du willst.

Du bist die stärkste Frau in meinem Leben,
Weil du alles, was ich tun will,
schon getan hast.

Die Welt wäre anders,
wenn mehr Frauen* ein Vorbild
wie dich hätten.

## Lass uns mal kurz glücklich sein

Und wenn ich mal alle meine
Unsicherheiten zur Seite schiebe,
Mein „Mag er mich auch?"
Mein „Hab ich was Falsches gesagt?"
Mein „Sah ich gut genug aus?"
Dann bin ich darunter einfach nur glücklich.

Hey Selbstzweifel,
lasst mich mal kurz in Ruhe,
nur fünf Minuten,
damit ich mal kurz tanzen kann
vor Freude.

Wie lange das anhält, kann niemand wissen,
aber auch wenn alles ungewiss ist,
lass uns mal kurz glücklich sein.

# Ich will dieses Gefühl festhalten.

**Welches Gefühl möchtest du festhalten?**

....................................................................................................

....................................................................................................

....................................................................................................

....................................................................................................

....................................................................................................

....................................................................................................

....................................................................................................

....................................................................................................

....................................................................................................

....................................................................................................

## Für immer

Ich weiß, dass im Leben
nichts für immer ist,
aber du bist für immer für mich.

### Einfach so,

wird irgendeine Person da draußen
irgendwann deinen Wert erkennen.
Deinen Wert, ohne dass du ihn auslegst,
ohne dass du erzählst, was dich ausmacht.
Du musst nichts sagen, diese Person sieht's.

## Perfekt

Perfekt gibt's nicht, dachte ich.
Und dann kamst du.

Und auf einmal gibt's perfekt eben doch.
Perfekt, weil die Liebe keine Makel sieht,
blind ist für vermeintliche Fehler.
Und ich glaube, das muss sie auch sein,
sonst würden wir uns wahrscheinlich
nie verlieben.

Hier geht es zum gelesenen
Text auf Instagram

# Warte mal,
# bin kurz verliebt.

## Stabilität

Wir suchen Stabilität.
Aber Gefühle sind doch nicht stabil, oder?
Menschen und Situationen verändern sich,
du veränderst dich.

Das Leben um dich herum ist in ständigem Wandel.
Du willst alles festhalten,
aber festhalten,
was nicht bleiben will,
macht doch keinen Sinn.

Geh mit dem Flow, tu was sich gut anfühlt.
Und liebe, ohne an die Konsequenzen zu denken.
Was soll passieren?

## Dich kennenlernen

Dating kann Angst machen.
Vor allem in einer Welt, in der Begriffe wie Ghosting, Gaslighting
und Benching nicht umsonst existieren.

Aber hast du schon mal hierüber nachgedacht:
Dating kann auch eine Art
des Sich-selbst-kennenlernens sein.
Eine Tür zu dir selbst,
die sich öffnet und dir neue Einblicke gibt.
Einblicke in dein Innerstes.
Etwas, was dich herausfordert,
dich mit deinen Wünschen, Zielen und Ängsten
auseinanderzusetzen und daran zu wachsen.

Das macht es viel weniger angsteinflößend, oder?

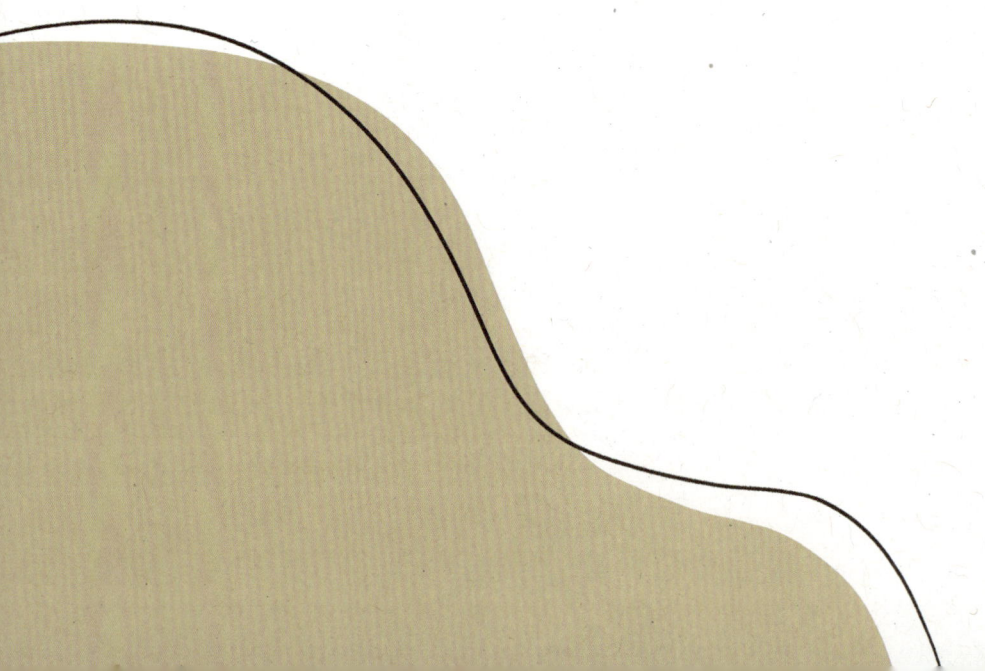

## Was hast du aus deiner letzten Dating-Erfahrung oder Beziehung gelernt?

.......................................................................................

.......................................................................................

.......................................................................................

.......................................................................................

.......................................................................................

.......................................................................................

.......................................................................................

.......................................................................................

.......................................................................................

.......................................................................................

## Vertrauensvorschuss

Es kann verdammt große Angst machen,
sich zu öffnen und jemanden in dein Herz zu lassen.

Du gibst Vertrauen auf Vorschuss.
Wie du es so oft zuvor getan hast.
Dabei hast du dir doch geschworen,
dich nicht mehr verletzbar zu machen.

Letztes Mal tat's zu sehr weh,
als wir dann doch wieder vorbei waren.

Aber here we are again.

Mit einem Vertrauensvorschuss.
Die Refraktärperiode ist vorbei.
Der Vorschuss in den Startlöchern.

Vielleicht klappt's ja diesmal.

## Deine Liebe ist echt

Sie ist ehrlich.
Sie ist stark.
Sie ist weich.
Du liebst wahrhaftig und tief.
Also gib sie niemandem,
der sie nicht verdient.

# Kurze Frage:
# Wer hat eigentlich gesagt,
# dass Liebe einfach ist?

## Date mal laut

Wir swipen. Wir matchen. Wir schreiben.
Wir denken: „Hey, vielleicht könnte das was werden."
Wir telefonieren, schicken Sprachnachrichten
oder du willst dich sofort treffen.
Sagst: „Ich halte nichts vom langen Schreiben."
In deinem Dating-Profil steht außerdem noch,
wie sie zu sein hat und was du gar nicht magst.

„Sei bitte keine Insta-Puppe und bitte nicht zu
kompliziert, aber auch nicht zu leicht zu haben."
„Was ich will? Ne lockere Sache, aus der ne
Beziehung wird und vielleicht wirst du
ja meine Frau, Kinder, Familie, Hund..."
„Aber lass uns erstmal testen, wie's im Bett läuft."
"If we vibe, we vibe!"

Aber wenn sie nicht direkt mit dir schlafen will,
dann vibet ihr wohl nicht,
dann dauert dir das alles zu lange,
dann suchst du wohl doch keine Freundin* oder Frau*,
sondern nur dich, nur Bestätigung
und auf keinen Fall Ablehnung.

Aus Schreiben 24/7 wird Stille,
der Vibe ist weg oder war der vielleicht nie da?

## Zu schnell

Irgendwie geht mir
das alles viel zu schnell.
Oder... vielleicht auch nicht.
Vielleicht hab ich auch
einfach nur Angst davor,
verletzt zu werden.

**Gebrochene Herzen
tun weh,
weil sie nie
heile waren.**

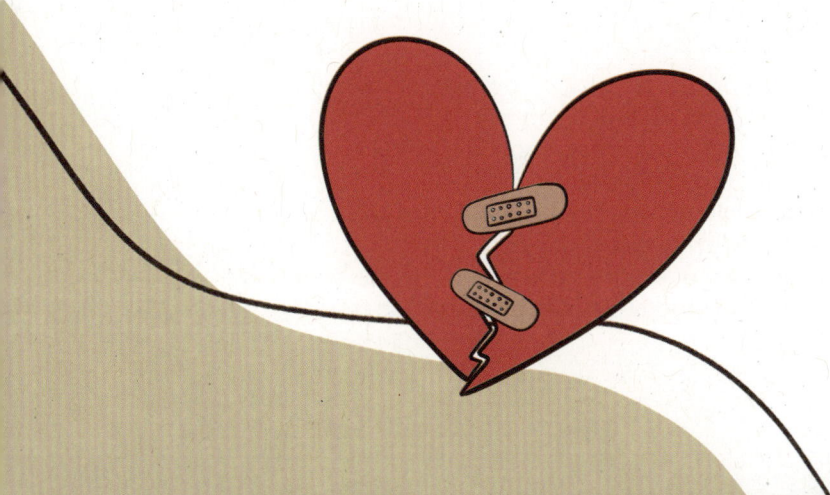

## Blauer Fleck

Ich bin heute von einem Balance Board gefallen.
Das tat erst ganz schön weh.
Im ersten Moment dachte ich,
dass mir das sicher noch die nächsten
Tage schmerzen wird.
Dann aber tat es nach Minuten schon weniger weh
und jetzt ist es, als wäre nichts passiert.

Ich bekomme wahrscheinlich einen blauen Fleck,
der mich an den Sturz erinnern wird.

So fühlt sich auch Beziehungsschmerz an:
Am Anfang denkst du, das geht nie vorbei,
du wirst für immer verletzt sein.

Ein Schmerz, der deine Kehle zuschnürt,
dir die Luft raubt, dich erschreckt wie ein heftiger Sturz.
Du musst dich sortieren, erstmal klarkommen.

Nach und nach wird es besser.
Blaue Flecken erinnern dich an den Schmerz.

Und je nachdem wie sehr dein Herz gebrochen wurde,
bleibt vielleicht nicht nur ein blauer Fleck,
sondern ein gebrochener Knochen,
der dir ab und zu Probleme macht.
Sich vielleicht nie wieder anfühlen wird wie zuvor,
aber vielleicht ist genau das gut.
Du bist nicht mehr dieselbe Person wie vor dem Sturz,
aber du weißt, du holst dich da raus.

## Anker

Ich glaub, ich weiß was ich vermiss.
Ich vermiss, dass du immer da warst.
Dass du in einer Welt,
die in keinem Moment die gleiche ist,
immer der Gleiche bist.

## Nicht zurück

Ich will nicht mehr zurück zu dir.
Nicht mehr zurück zu uns
und trotzdem vermiss ich dich und uns manchmal.
Und ich glaub, das ist ok.

## Herzschmerz

Und es tut weh zu sehen,
dass auch du mich nicht wolltest.
Nicht mein Lachen,
nicht das, was in meinem Kopf ist,
nicht das, wofür ich brenne,
nicht das, was ich Liebe,
nicht das Funkeln in meinen Augen.
Alles das, was du wolltest,
war mein Körper.

## Ich bin für dich, was er für mich war

Der ‚ich hab ihn endlich gefunden-Mensch‘,
der ‚ich will dich, aber du mich nicht-Mensch‘.
Und es tut mir leid, ich weiß, wie weh das tut.
Aber ich hoffe, du nimmst das Gleiche daraus mit wie ich:

Wenn jemand dich nicht will,
ist das niemals deine Schuld.

# Gerade keine Zeit für Gefühle.

## Heilen

Ich glaube, du musst heilen,
bevor du dich wieder verlieben kannst.
Denn mit einer gebrochenen Hand
kann man eben keinen Handstand machen
und mit einem gebrochenen Herzen
kann man sich nicht verlieben,
das tut zu sehr weh.

## Fühl, was du willst

Häufig wollen wir nicht fühlen, was wir fühlen.
Aber es ist ok, dass es dich verletzt hat.
Schmerz zu unterdrücken macht ihn
nicht weniger schmerzhaft,
also fühl, was du fühlst.

## Gefühl

Und ich hab schon
wieder ein schlechtes Gefühl bei der Sache.
Obwohl ich weiß, ich sollte ein Gutes haben.

## Warum fällt es uns so schwer, unserem Gefühl zu trauen?

........................................................................

........................................................................

........................................................................

........................................................................

........................................................................

........................................................................

........................................................................

........................................................................

## Harte Liebe

Ich hab eben einen alten Kuli
von dir wiedergefunden,
er schrieb zwar, aber nur schwergängig.
Wenn ich stärker aufdrückte, ging es besser,
aber war sehr mühsam.

Ein bisschen wie mit uns.
Ich hätte mir so sehr gewünscht,
dass diese Liebe einfach gewesen wäre.

Und ich weiß, Beziehungen sind Arbeit,
aber so hart wie unsere Liebe war,
sollte sie nicht sein.

## Liebster Fehler

Du bist mein liebster Fehler.
Tust mir nicht gut,
aber trotzdem
mach ich dich immer wieder.

## Ich glaube, dass du manchmal an mich denkst ...

... so wie ich an dich denke.
In Momenten, in denen ich eigentlich
was ganz anderes zu tun habe,
unterbrichst du meine Gedanken
und lächelst dein breitestes Grinsen
vor meinem inneren Auge.

Ganz frech, wie du warst,
heckst du dich in meinen Kopf
und auf einmal bist da nur noch du.
Und dann du und ich.
Und die Erinnerung an unsere Zeit:
die kurze, gute Zeit, die sich angefühlt hat wie fliegen.

## Kaffee

Ich hab aufgehört Kaffee zu trinken,
Kaffee, den ich doch so liebe.

Aber mit Kaffee ist es so ein
bisschen wie mit dir,
ich bin süchtig nach ihm,
aber er tut mir nicht gut.

Macht mich nervös
und diese innere Unruhe,
die eh schon da ist,
wird mit ihm nur noch schlimmer.

Und deswegen trink ich jetzt decaf.
Der sieht aus wie du,
schmeckt fast wie du,
aber macht mich weniger nervös.

## Zu Ende

Warum wollen wir
Geschichten immer zu Ende bringen?

Vielleicht ist kein Ende eben auch ein Ende.

## Nicht genug

Du und ich,
wir dachten beiden,
wir wären nicht genug.

Und am Ende waren wir zusammen genau das,
was wir auch alleine nicht waren:

Nicht genug.

## Dein Wert, mein Wert

Es wär so schön gewesen,
wenn du hättest sehen können,
wie viel ich wert bin.
Und wie viel du wert bist.
Dann wär wahrscheinlich
alles ganz anders gekommen.

Hier geht es zum gelesenen
Text auf Instagram

## Soulmate

Und du fragst dich: ‚Wo bist du?'
Mein Soulmate, die Person,
mit der ich mein Leben verbringen will.
Die Person, die alles besser macht,
mit der ich mich wohlfühle,
mit der alles gut ist.

Ich bin darauf gepolt, dich zu finden.
Aber was ist eigentlich,
wenn ich dich nie finde?
Und was ist eigentlich,
wenn die einzige Person,
die ich finden muss, ich selbst bin?

Was, wenn ich die größte
Liebesgeschichte meines Lebens bin?

## Romantische Komödie

Das Leben ist keine romantische Komödie.
Vielleicht ist kein*e Partner*in für immer,
vielleicht ist das alles nicht so,
wie es uns vorgelebt wird
oder wie wir's uns vorstellen.
Aber vielleicht brauchen wir diese Dinge,
um das Leben unbeschwerter zu betrachten.
Magische Momente, die uns den Alltag versüßen,
Hormone ausschütten,
die uns die Sicht vernebeln
und uns dankbar
und hoffnungsvoll bleiben lassen.

# Ihr seid mein Kontinuum

Über die Freundschaft

# Meine Energie
# ist deine Energie.

## Freund*innen fürs Leben

Irgendwie hab ich lange nicht begriffen,
wie wichtig Freundschaften sind,
bis ich euch getroffen habe.

Viele Beziehungen enden,
auch wenn wir glauben, es hält für immer.
Aber deine Freund*innen begleiten dich ein Leben lang.
Sie gehen mit dir durch mehr Lebensphasen
als die meisten Partner*innen, die du haben wirst.
Auch sie sind für dich da
in guten wie in schlechten Zeiten,
in Gesundheit und Krankheit.
Vergiss nicht, ihnen Danke zu sagen.

## Lass uns mal öfter

Lass uns mal öfter sagen: „Ich mag dich".

Lass uns mal öfter sagen:
„Ich bin froh, dass du in meinem Leben bist",
„Ich bin froh, dass wir Freunde sind".

Lass uns mal öfter sagen:
„Du gibst mir ein gutes Gefühl",
„Ich bin gerne mit dir zusammen".

Lass uns mal öfter sagen:
„Ich hoffe, du bleibst noch viel länger hier".

## Let's pretend it's 2010

Lass uns mal so tun als wäre es 2010
und wir schreiben SMS mit unter 90 Zeichen.

Dating-Apps? Die gibt's noch nicht!
Also lern ich dich kennen,
als ich nach der Uhrzeit frage.

Lass uns mal so tun als wäre es 2010
und unsere Kopfhörer haben Kabel.
Kabel, die an MP3-Playern mit 512 MB hängen,
30 Lieblingslieder, mehr ist nicht drin.

Let's pretend it's 2010.
Und wir fahren mit unseren Hollandrädern
an Feldern vorbei, einen halben Erdbeersekt aus dem Rewe im
Korb, der andere Teil
in unseren schon betrunkenen Köpfen.

Wir treffen uns im Garten bei denjenigen von uns,
die sturmfrei haben.
Alle Probleme, die wir haben,
drehen sich um Jungs, Freundschaften und Klamotten.
Unsere Zukunft sieht rosig aus.
Wir sind jung, naiv und verdammt glücklich
und endlich ein bisschen erwachsen.

Hach, 2010… du warst schön.

## An meine Freundinnen

Ich bin so stolz auf euch!
Wie ihr mit schwierigen Situationen umgeht.
Wie ihr euch selbst schützt.
Wie ihr auf euch und eure Gefühle hört.
Wie ambitioniert ihr seid.
Wie hart ihr arbeitet.

Ich bin so stolz,
so gute Menschen wie euch
meine Freundinnen nennen zu dürfen.

## Mein Kontinuum

Dass wir gemeinsam
all diese Phasen durchlaufen,
zusammen erwachsen geworden sind.
Zusammen lernen,
zusammen lieben und uns entlieben.
Das liebe ich.

Ihr seid mein Kontinuum.
Für immer.
Und ich weiß, das wird sich nie ändern.

## Weißt du, was verdammt viel wert ist?

Menschen in deinem
Leben zu haben,
die dich bedingungslos
unterstützen.
Die mit dir an deine
Träume glauben.
Nicht unbedingt,
weil das die beste Idee
der Welt ist, sondern
weil sie dich glücklich
sehen wollen.

Hier geht es zum gelesenen
Text auf Instagram

## Begegnungen

Weißt du, ich glaube Menschen kommen in unser Leben,
damit wir etwas lernen aus den Begegnungen.
Nicht weil sie für immer dableiben werden
oder weil sie unser Leben besser machen sollen.

Sie kommen in unser Leben,
weil wir sie brauchen,
um etwas zu verstehen,
was wir vorher nicht verstanden haben.

## Umgeben

Es wird immer Menschen geben,
die dein Potential nicht sehen können.
Und dann wird es welche geben,
die mehr von deinem Potential sehen als du selbst
– umgib dich mit ihnen –
irgendwann siehst du es auch!

### Weißt du, was ich liebe?

Ich liebe, dass du die großen Dinge sehen kannst,
aber auch die Kleinen.

Du weißt,
dass es so viel Schlechtes auf der Welt gibt
und trotzdem
der Geruch von Kaffee in deinem Lieblingscafé,
dein liebster Song oder die Sonnenstrahlen an der Wand
– das alles macht dich so wahnsinnig glücklich.
Und das macht mich wahnsinnig glücklich.

## Du bist da

Ich weiß, du bist da.
Ich weiß, du stehst später vor meiner Tür.
Ich weiß, es ist egal wie weit wir
voneinander entfernt sind.
Und auch, wenn wir nicht jeden Tag sprechen,
Ich weiß, du unterstützt mich.
Ich weiß, du gönnst mir alles auf der Welt
und noch mehr.

Und ich weiß,
ich würde genau das gleiche für dich tun.

## Besonders

Manchmal da trifft man Menschen
und man weiß direkt,
dass sie was Besonderes sind.

Ich kann fühlen, dass du ein guter Mensch bist.
Ein Mensch, der sein Ding durchzieht
und sich seine eigene Welt erschafft.
Ein Mensch, der trotz seiner Vergangenheit
aufrichtig liebt und sich Verbindung wünscht.

Du bist besonders – das fühl ich.
Ich wünsch dir nur das Beste
und vielleicht sehen wir uns
irgendwann mal wieder.

## Abschied

Das Gute an Abschieden:
Sich gnadenlos ehrlich und kitschig sagen,
was man aneinander schätzt.
Was die Freundschaft so besonders macht
und das Gefühl, sich bald in einem anderen
Setting wiederzusehen
und auch dort zu funktionieren.
Eine Träne zu verdrücken,
auch weil man glücklich ist,
dass man jemanden hat,
wegen dem es einem schwer fällt zu gehen.

**Schreibe über eine Verbindung in deinem Leben, die dir viel bedeutet:**

..........................................................................................

..........................................................................................

..........................................................................................

..........................................................................................

..........................................................................................

..........................................................................................

..........................................................................................

..........................................................................................

..........................................................................................

..........................................................................................

..........................................................................................

..........................................................................................

# War ja schon immer so

Über Kritik an der Gesellschaft und Weltschmerz

# Ich will Erklärungen da, wo es keine Erklärungen gibt.

## Erklär mal

Gewissheit, wo es keine Gewissheit gibt.
Kontrolle, wo es keine Kontrolle gibt.
Kannst du mir das mal erklären?

## Es tut trotzdem weh

Herzschmerz.
Weltschmerz.
Ich will das alles nicht mehr fühlen,
aber ich schätze, das ist es, was das Leben ausmacht.
Ein Leben zwischen Gefühlen.
Ein Leben zwischen sich verändernden Umständen.
Weh tut's trotzdem.

## Irgendwie kann ich's verstehen,

dass du dich damit nicht beschäftigen willst.
Es tut weh, sich mit Dingen auseinanderzusetzen,
die schon immer so waren oder nun mal so sind.
Es tut weh, zu erkennen,
wie groß und strukturell Probleme sind.
Und welchen Einfluss sie auf jeden
und jede von uns haben.
Wir drücken es weg, schauen weg.
Es ist zu laut, zu unangenehm,
zu schlimm, um wahr zu sein.

Wir halten fest, von dem wir wissen,
das es nicht gut ist.
Sagen lieber „Das war schon immer so",
statt was zu ändern.
Und haben solche Angst davor,
dass sich Dinge verändern,
dass wir einfach alles so lassen, wie es war.

Ich kann verstehen, dass du da bleiben willst,
wo's sicher scheint.
Wo alles so ist, wie immer.
Ich kann's verstehen.

Hier geht es zum gelesenen
Text auf Instagram

## Konsum

Ich hab so lange geglaubt,
dass es mich glücklich machen würde,
wenn ich aussähe wie meine Lieblingsbloggerin.

Hab so lange geglaubt, dass ich glücklich wäre,
wenn ich eine bestimmte Figur
oder immer die neuesten Klamotten hätte.
Die perfekte Wohnung, schöne Haare, tolle Nägel.

Aber irgendwann kommt immer die Erkenntnis:
„Nein, glücklich bin ich nicht."
Und wir suchen nach etwas Neuem.

Aber wahrscheinlich macht Konsum
uns gar nicht glücklich.
Vielleicht macht alles, was von außen kommt,
kurz happy, aber nur das, was von innen kommt,
langfristig glücklich?

Und vielleicht stimmt es,
dass alles, was schnell kommt, schnell wieder geht
und wir für unser echtes Glück arbeiten müssen.

## Sprache

Sprache ist unser tägliches Instrument.
Sie definiert uns
und andere.

Sie zeigt, wer wir sind,
unseren Respekt anderen gegenüber.

Sie zeigt anderen, wie wir uns fühlen.
Wie wir für sie fühlen.

Sie hat Macht.
Verletzt Menschen schneller,
als du es körperlich jemals tun könntest.

Worte können ein Leben lang wehtun,
dich ein Leben lang begleiten,
dich definieren, ohne dass du es willst.

Manchmal sind wir ohne sie.
Manchmal können wir nicht aufhören zu erzählen.

Sie spiegeln unsere Geschichte.
Nur durch sie sind wir, wer wir sind.

## Zu viel ist zu viel ist zu viel

Ja, wir leben in einer Welt,
in der wir ständig alles haben können
und von allem viel.
Viele Infos, viele News, viele Klamotten,
viele Möglichkeiten.
Viele Partner*innen und Kicks,
jede Stunde, jede Sekunde,
in vielen verschiedenen Formen.

Manchmal ist das
wahnsinnig anstrengend.
Weil auf uns der Druck liegt,
gute Entscheidungen zu treffen,
da wo man auch schlechte treffen kann.

Kein Wunder,
dass wir alle mal entschleunigen müssen.
Und ja, das sind first world problems,
aber es ist ok,
sich manchmal überfordert zu fühlen.

## Pride

Das Leben
ist so bunt
wie deine
Gedanken sind.

### Wie bunt ist deins?

......................................................................

......................................................................

......................................................................

......................................................................

......................................................................

......................................................................

......................................................................

......................................................................

......................................................................

## Was du erwartest

Du hast nicht das zu sein,
was andere von dir erwarten.
Du musst nichts in der Reihenfolge
oder überhaupt so machen,
wie es dir vermittelt oder vorgelebt wird.
Du musst nicht heiraten,
Kinder bekommen,
ein anderes Geschlecht lieben,
überhaupt jemanden lieben oder vergeben sein.
Du musst dich nicht
typisch männlich oder weiblich kleiden,
keinen rollengerechten Job wählen.

Denn...
Du hast nicht das zu sein,
was andere von dir erwarten.

## Paradoxon

Du kannst das Leben immer
aus so vielen verschiedenen
Perspektiven und Blickwinkeln sehen.
Du kannst dich darüber beschweren,
was dir fehlt, ohne zu sehen, was du hast.

Oder du siehst, was du hast
und was andere nicht haben
und das macht dich traurig.

Du kannst die Welt
als einen unfairen Ort sehen
und zugleich sprachlos
über die Schönheit der Natur
und die Güte von Menschen sein.

Du kannst einen Menschen
oberflächlich betrachten
oder aber hinter die Fassade blicken.

Du kannst dich selbst
als Verwandlungskünstler*in sehen,
als Person, die alles das tun kann, was sie will
und dich dennoch in deinen
Lebensumständen gefangen fühlen.

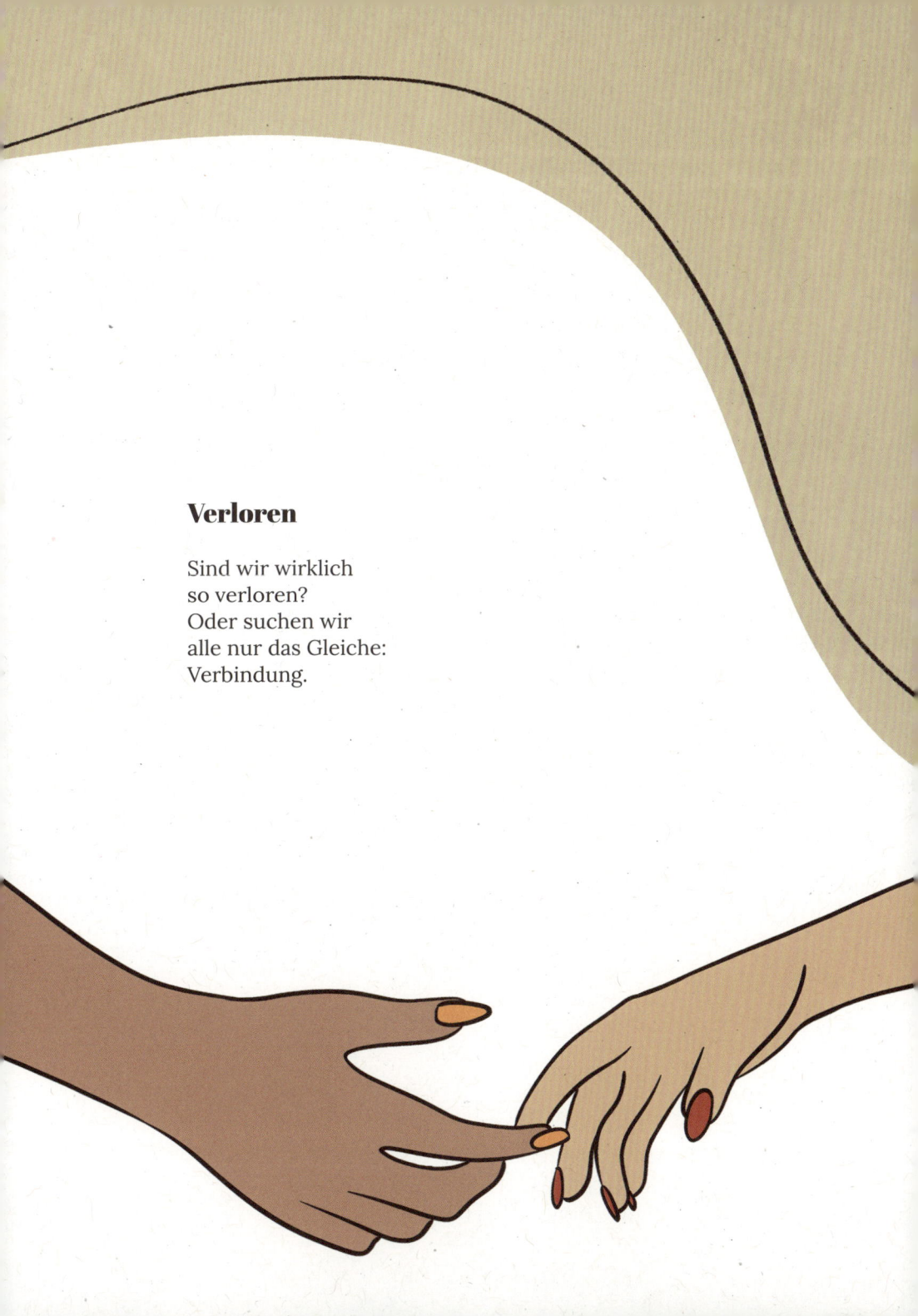

## Verloren

Sind wir wirklich
so verloren?
Oder suchen wir
alle nur das Gleiche:
Verbindung.

## Meine Welt

Ich würd so gerne in einer Welt leben,
in der es ok ist, wenn man sagt,
dass es einem nicht gut geht.

In einer Welt, in der Menschen sich
gegenseitig das Beste füreinander wünschen.
Und in einer Welt, in der Fehler nichts Schlimmes sind,
sondern etwas, woraus man lernt und woran man wächst.

In einer Welt, die alle Menschen gleich behandelt:
nämlich gut und menschlich.


### In was für einer Welt würdest du gerne leben?

.............................................................................

.............................................................................

.............................................................................

.............................................................................

.............................................................................

.............................................................................

.............................................................................

.............................................................................

.............................................................................

.............................................................................

## Generation Grenzenlos

Das Leben ist schon verrückt.
Wir können uns nicht mal
ein 15-sekündiges TikTok-Video angucken,
aber sollen 13 Jahre zur Schule gehen,
5 Jahre studieren, aber können uns nicht mal
5 Minuten konzentrieren.
Wollten die eine Sache machen,
sind doch wieder bei Instagram gelandet.

Haben unendlich viele Möglichkeiten,
sollen uns aber für eine Sache entscheiden.
„Was willst du denn?"
„Welchen Weg willst du gehen?"
Welches Ziel, welcher Style, welche Einstellung?
Und dann bleib dabei oder skip weiter.

# Gib mal bisschen Dopamin

Über die Sache mit den Medien

# Sind das alles nur quick fixes, um uns geliebt zu fühlen?

## Weggedrückt

Du drückst Gedanken und Gefühle weg,
scrollst, facetimst, wischst nach links oder rechts,
schaust dir stundenlang an, was andere tun.

Lenkst ab, betäubst dich.
Statt zu fühlen, was du fühlst.

Hier geht es zum gelesenen
Text auf Instagram

## Ziemlich perfekt

Ich weiß,
es sieht alles ziemlich perfekt aus
im Leben deiner Lieblings-Influencerin*.
Aber glaub mir, das ist es mit großer
Wahrscheinlichkeit nicht.
Social Media zeigt uns eben nur
die kleinen, schönen Ausschnitte.
Was du nicht siehst, ist das Chaos
in der Wohnung, im Kopf,
in der Familie, in der Beziehung.
Dinge, die niemand gerne zeigt,
die nicht vorzeigbar erscheinen.

Ich wünsch mir genau davon mehr.

## Keine echte Liebe

Wir suchen hier doch alle nur
das Gleiche, oder?
Bestätigung, Anerkennung,
einen kurzen Kick.
Starren den ganzen Tag auf ein Gerät, dass
uns vermittelt,
wir wären nicht alleine.
Das ist es, was wir wollen:
Wir wollen nicht alleine sein.
Aber das sind hier doch alles nur
quick fixes, um uns geliebt zu fühlen.
Aber Nachrichten, Kommentare und Likes
sind nun mal keine echte Liebe.

## Hassliebe

Auf der einen Seite wissen wir doch,
dass es nicht gesund sein kann,
24/7 vor einem Screen abzuhängen.
Auf der anderen Seite ist das alles so praktisch.
Einen Weg zu finden, Essen zu bestellen
oder mit Freund*innen in Kontakt zu bleiben.
Es beruhigt, lenkt ab, macht mal richtig glücklich
und dann wieder ganz traurig.
Mehr mehr mehr.
Klamotten, Bilder, alles perfekt.
Zu perfekt.
Dabei ist hier doch gar nichts perfekt.

## Alleine sein

Warum können wir nicht alleine sein?
Warum gehen wir ohne Handy nirgendwo hin?
Warum machen wir Netflix an,
sobald wir nach Hause kommen?
Warum brauchen wir ständig Beschallung?
Warum können wir nicht eine Minute
mit unseren Gedanken alleine sein?

Tun sie zu sehr weh?

## So viel Gutes, so viel Schlechtes

Das Traurige ist,
die Welt, in der wir leben,
passt nicht auf uns auf,
das müssen wir selbst tun.

Sie gibt uns alle Möglichkeiten,
aber ob und wie wir sie nutzen,
das liegt an uns.

Es ist und bleibt unsere Aufgabe,
auf uns aufzupassen.
Es ist unsere Aufgabe, uns zu beschützen.
Es ist unsere Aufgabe, die Dinge,
die vor uns liegen, für Gutes zu nutzen.

Lasst uns uns verbinden.
Gleichgesinnte finden
und sehen, wie andere
Lebensrealitäten aussehen.

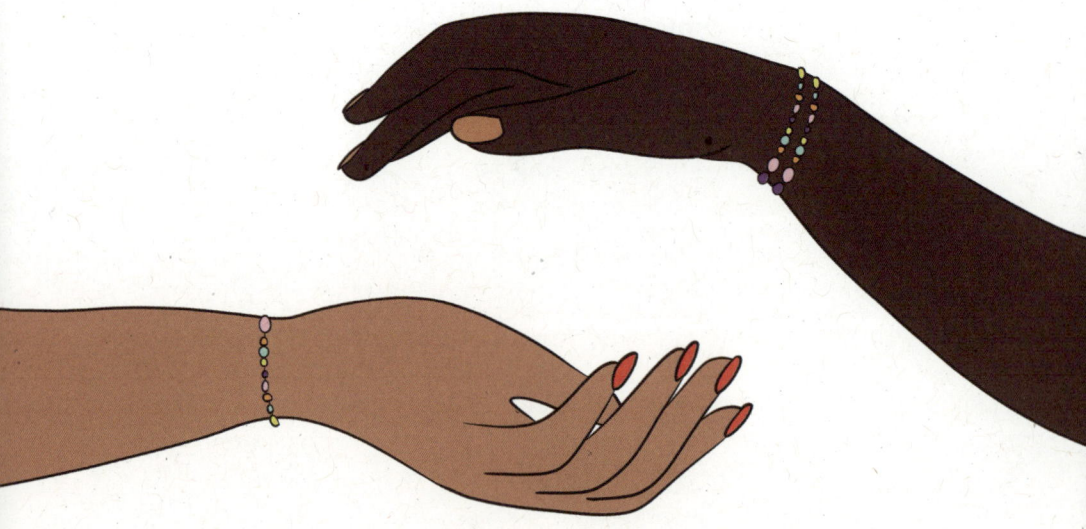

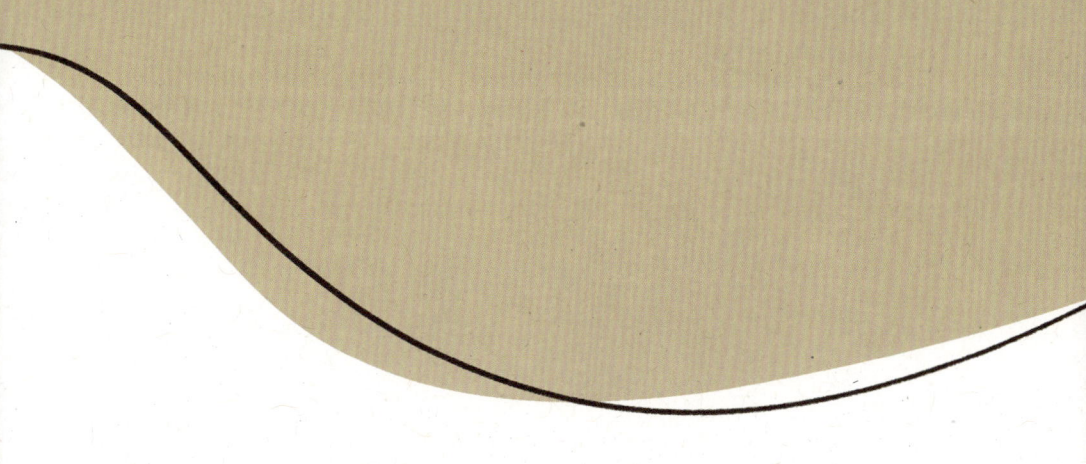

## Sofort

Du willst es jetzt, sofort.
Ein Klick und das Gefühl
der Bestätigung macht sich breit.
Die Likes flattern rein.
Die neuen Schuhe stehen nach einem Klick
und ein paar Tagen vor der Tür.

Und obwohl wir als Kinder gelernt haben,
dass nicht immer alles sofort geht,
lernen wir heute, dass es eben doch so ist.

Aber wenn's dann doch mal länger dauert,
die sofortige Bestätigung nicht kommt,
fühlen wir uns schlecht.

Was, wenn wir wieder Kinder wären.
Und uns über die kleinen Dinge
wie über die Großen freuen würden?
Vielleicht wäre das dann alles viel mehr wert.

# Viel zu schnell

Über die Zeit

# Was ist schon
# für immer?

## Für immer

Das hier fühlt sich
irgendwie so temporär an.
Nicht für immer,
aber was ist schon für immer?

Die Suche nach für immer
lässt mich so vieles nicht tun.

Das Nachdenken darüber,
wie mein Leben aussehen soll,
lässt mich so vieles nicht tun.

Die Vernunft, mein Kopf,
lassen mich so vieles nicht tun.

Aber was ist schon für immer?
Die Antwort ist simpel: Nichts!
Also, lass uns mal die Dinge tun,
die wir nicht tun.

Hier geht es zum gelesenen
Text auf Instagram

# Wieso ist es so schwer, im Jetzt zu sein?

## Moment

Dieser Moment,
genau dieser Moment,
den gibt's nur einmal...
Und obwohl wir das wissen,
sind wir so häufig nicht im Moment,
sondern mit unseren Gedanken
in der Vergangenheit
oder in der Zukunft
und verpassen das Leben.

## Jetzt

Mach die Dinge, die du machen willst.
Nicht morgen, nicht gleich, sondern jetzt.

Weil du doch nie weißt,
wie viel Zeit dir noch bleibt.

Und es wäre doch verdammt schade,
wenn du irgendwann sagen würdest:
„Was wäre wenn?" oder „Hätte ich mal!"

**Es ist voll ok,**

wenn du noch Zeit brauchst.
Nimm sie dir,
das verdienst du!

## Für was brauchst du noch Zeit?

........................................................................................................

........................................................................................................

........................................................................................................

........................................................................................................

........................................................................................................

........................................................................................................

........................................................................................................

........................................................................................................

........................................................................................................

## Extra langsam

Ich hab da mal nen Vorschlag:
Lass mal extra langsam machen.

Wir müssen nicht mehr geduldig sein.
„Spul den Song mal vor", sagst du.
„Der Abspann ist doch egal!"
„Geht das nicht schneller?"
„Warum laufen die so langsam? Ich muss weiter."
Aber wieso machen wir nicht mal langsam?
Genießen den Moment,
tun unnütze Dinge,
reden viel zu lange,
laufen viel zu langsam,
gucken den Abspann doppelt
und hören den Song in Dauerschleife.

## Neu anfangen

Und manchmal,
da musst du neu anfangen,
weil das alles ist,
was dir übrig bleibt.

## Nichts verpassen

Ich will raus, auf Tischen tanzen,
in Riesenrädern fahren,
ganz laut und schief singen,
Shots trinken, bis ich mich übergeben muss.
Wild, frech und wunderbar sein,
nichts verpassen.

Aber ich will auch Dinge verpassen,
um an mir zu arbeiten.
An dem Leben, das ich mir wünsche,
das mich erfüllt.

Und ich fühl mich zerrissen.
Weil ich doch weiß, dass nichts in der Zukunft gewiss ist.
Weil ich doch weiß, dass ich eigentlich nur
diesen Moment habe, weil du und ich älter werden,
unsere Leben sich verändern
und die Zeit immer schneller rennt.

Das hat mir keiner gesagt.
Mir hat niemand gesagt,
dass Zeit mal das kostbarste Gut für mich sein wird.
Oder es hat mir jemand gesagt
und ich war zu beschäftigt, es zu verstehen?

Eine Lösung für diesen Zwiespalt habe ich nicht.
Außer sich zu erlauben, sich zerrissen zu fühlen
und auf Balance zu setzen.
Zwischen dem Leben im Hier und Jetzt
und dem Arbeiten an deinen Zielen.
Denn Ziele geben uns ein Gefühl von gebraucht werden.
Sie kommen meist mit einem Traum.
Und ich glaube, ein Traum ist das Beste,
was du haben kannst.

## Fear of missing out

Und irgendwie rinnt sie durch meine Finger.
Die Zeit.
Hab so viel Angst was zu verpassen.
Muss immer unterwegs sein.
So viel unterwegs,
dass ich nicht mal Zeit habe,
darüber nachzudenken,
was ich denn verpassen könnte.

## Vielleicht

Vielleicht bist du
einfach noch nicht so weit.
Vielleicht brauchst du
einfach noch Zeit.
Vielleicht gibst du
der Zeit ein bisschen Zeit.
Vielleicht wird dann
alles viel leichter.

### Deine Zeit

Deine Zeit wird kommen, glaub mir.
Irgendwann weißt du, was du willst.
Irgendwann ist alles ganz klar.
Irgendwann fragst du dich,
warum du so lange nicht sehen konntest,
was für dich ist.
Irgendwann begreifst du,
dass genau das wichtig war,
um zu lernen, wer du bist,
was du willst und was du nicht willst.

Deine Zeit wird kommen,
glaub mir.

## Genieß die Reise

Du willst ankommen,
arbeitest so hart,
dass du vergisst, den Weg zu genießen.

Und ich weiß, „Der Weg ist das Ziel"
haben wir alle schon so oft gehört,
dass wir die Bedeutung vergessen haben.

Wenn du den Weg nicht genießt,
wirst du auch das Ankommen
nicht genießen können.

## So jung

Wir sind alle noch so jung
und haben noch so viel Zeit,
Dinge zu tun, Dinge zu erreichen
und anzukommen.
Und trotzdem machen wir uns
manchmal wahnsinnigen Druck,
aber wer sagt eigentlich,
dass wir Dinge alle gleich machen müssen?

## Hier und Jetzt

Lass uns mal im Hier und Jetzt leben.
Nicht im „morgen ist Montag",
nicht im „bald ist Wochenende",
nicht im „wenn ich den Abschluss habe",
wenn ich die und die Sache besitze,
wenn ich glücklich bin,
wenn ich sie oder ihn habe.
Lass uns mal im Hier und Jetzt leben
und zufrieden mit dem sein, was wir haben.

## Was dir keine*r sagt

Du wirst älter und Dinge,
die früher das Wichtigste auf der Welt
für dich waren, interessieren dich nicht mehr.

Menschen, von denen du geglaubt hast,
sie würden für immer bleiben,
verschwinden aus deinem Leben.

Und du wirst ok damit sein.

# Wird jemand dieses Buch verlegen?

# Wird jemand dieses Buch lesen?

# Keine Ahnung, aber wir machen's trotzdem.

# Einfach für uns.

**DENK MAL LAUT**

Instagram: @denkmallaut
Tiktok:   @denkmallaut_
Youtube:  @denkmallaut/videos
Webseite: **denkmallaut.de**

## Chiara Maiorino
Text

Chiara Maiorino wurde 1993 in Biele-
feld, Deutschland geboren. Sie studierte
Psychologie, Medien und Wirtschaft
in den Niederlanden, Süddeutschland
und Italien und arbeitete während
und nach ihrem Studium im Journalismus. Derzeit bereist sie als digitale
Nomadin die Welt und ist, wenn sie in
Deutschland ist, in München zu Hause.

Die Autorin rief 2021 die Social
Media Gemeinschaft „Denk Mal Laut"
ins Leben, auf der es um die Themen
Empowerment und mentale Gesundheit geht und von der derzeit über
90.000 Menschen Teil sind. Im Jahr
2022 gewann sie mit ihrer Arbeit
den InStyle Influencer Award in
der Kategorie „Strong Message".

**chiaramaiorino.de**

## Angela Gundolf
Illustrationen

Angela Gundolf wurde 1996 in Tirol,
Österreich geboren. Sie studierte
Modejournalismus und Medien-
kommunikation in München und ist
derzeit in der bayerischen Landes-
hauptstadt im Journalismus als Team
Lead of Social Media bei einem Ma-
gazin tätig. Ihre liebste Beschäfti-
gung? Mit einer Tasse Tee und guter
Musik auf ihrem iPad illustrieren.

# MALIA

# WIR *glauben* AN DIE *Macht* DER *Worte.*

## WWW.MALIA-VERLAG.COM

« Hier geht es zu unserer Webseite

## Impressum

**Originalausgabe**
Veröffentlicht im Malia Verlag, Berlin, September 2023
Copyright © 2023 by Malia Verlag GmbH, Berlin

**1. Auflage**  978-3-949822-15-5 Print

**Text:** Chiara Maiorino
**Illustrationen:** Angela Gundolf
**Satz:** Angela Gundolf, Susan Wesarg
**Lektorat:** Sarah Maske
**Korrektorat:** Christine Bittner

**Printed in Germany**

**Kein Plastik!**
Aus Liebe zur Umwelt ist dieses Buch
nicht in Plastik eingeschweißt.

AB4

www.blauer-engel.de/uz195

Dieses Druckerzeugnis wurde mit
dem Blauen Engel ausgezeichnet.

FSC
www.fsc.org

**RECYCLED**
Papier aus
Recyclingmaterial
FSC® C173956